"금세 시들어버리는 사랑에 지치지 않게"

더 심플한 페이퍼플라워

초판 1쇄 인쇄 2021년 5월 15일
초판 1쇄 발행 2021년 5월 30일

지은이 김기주
펴낸이 송주영
펴낸곳 (주)북센스

편집 장정민, 조윤정
디자인 엘리펀트스위밍
사진 무드스튜디오 김도연
마케팅 오영일, 황혜리
경영지원 강수현

출판등록 2019년 6월 21일 제2019-000061호
주소 서울시 은평구 통일로684 서울혁신파크 미래청 401호
전화 02-3142-3044 **팩스** 0303-0956-3044 **이메일** ibooksense@gmail.com

ISBN 979-11-91558-09-8 13630

· 저작권법에 의하여 한국 내에서 보호를 받는 저작물이므로 무단 전재 및 복제를 금합니다.
· 책값은 뒤표지에 있습니다.

PAPER FLOWER

영원히 당신 곁을 지켜줄 종이꽃
더 심플한 페이퍼플라워

오늘 시작해도 전문가처럼

김기주 지음

오리기만 하면 완성되는 상황별, 종류별 **12**가지 종이꽃

북센스

PROLOGUE

금세 시들어버리는 꽃이 아쉬워
종이 위에 꽃을 그려 영원의 순간을 기억합니다

세상에는 식물을 잘 키우지 못하는 사람이 있어요. 저처럼요. 저는 꽃을 좋아하지만 빛이 안 들어오는 작업실에서 욕심을 부려 식물을 키우다가 자주 죽이곤 했어요. 그럴 때마다 너무 속상했어요. 그러던 어느 날 내가 좋아하는 그림으로 꽃을 그려 방 안에 두면 어떨까 하는 생각이 들었어요. 계절별, 시간별, 감정별로 공간을 꾸미고 싶은 꽃들을 하나씩 그리다 보니 지금까지 오게 되었어요. 아마도 저와 같은 분들이 많지 않을까요? 그래서 준비해보았습니다. 반려동물을 키우거나, 알레르기가 있거나, 여러 가지 사정으로 꽃을 방에 두지 못하는 분들에게 추천해요. 사랑하는 사람에게 영원한 사랑을 맹세할 때, 꽃을 가져가기 힘든 병원이나 환자에게 문병을 갈 때, 그리고 태교에도 무척 좋아요.

먼저 페이퍼플라워를 어떻게 활용하면 좋을지 풍부한 예시를 보여드릴게요. 여러분도 따라해보세요. 요즘 셀프 인테리어 많이 하시잖아요. 감성적인 소품이나 작품이 필요하셨지요? 직접 만든 근사한 페이퍼플라워를 활용하면 나만의 무드가 가득한 공간을 만들 수 있어요.

그다음에는 직접 그린 총 12개의 꽃 그림을 실었어요. 쓱쓱 오리기만 하면 바로 장식품으로 사용할 수 있답니다. 12종의 서로 다른 꽃들이니 어울리는 꽃들끼리 섞어서 함께 화병에 꽂으면 멋진 꽃다발이 되거든요. 꽃은 넉넉하게 수록했으니 평소 가위질에 미숙하셨다면 다양하게 오려볼 수 있을 거예요. 조금 어려운 부분도 있지만 당신이라면 분명 멋지게 해낼 거예요.

My Only Paper Flower

그리고 맨 마지막에는 직접 칠한 이 세상 오직 하나뿐인 페이퍼플라워를 만들 시간이에요. 어렵지 않아요. 미리 그려진 밑그림 위에 채색을 하여 오리면 나만의 종이꽃이 완성되니까요. 채색 역시 꽃에 기본적인 색감을 주는 작업이기 때문에 막막하지 않아요. 색감의 이해와 조화를 훈련할 좋은 기회가 될 거예요.

종이 위에 꽃들을 직접 그리고 오리면서 순수한 어린 시절로 돌아간 기분이 들었습니다. 어릴 때 종이놀이와 색칠공부를 하듯이 동심으로 돌아갔어요. 대단한 테크닉은 아니지만 저만의 꿀팁들을 많이 알려드릴게요. 이제 페이퍼플라워의 세계로 여러분을 초대합니다. 당신의 공간을 자연의 색감들로 온화하게 물들여줄 종이꽃을 당신에게 선사할게요.

기주
kikichuxx

CONTENTS

머리말 *4p*   이 책의 활용법 *8p*

Part 1.

페이퍼플라워
이대로 따라 하면 끝!

1

Rose 레드장미
12p

2

Opium poppy 양귀비
14p

3

Stock 스토크
16p

4

Gerbera 거베라
18p

5

Freesia 프리지어
20p

6

Sunflower 해바라기
22p

7

Opal Rose 오팔장미
24p

8

French hydrangea 수국
26p

9	*10*	*11*	*12*
Tulip 튤립	Peony 작약	Lisianthus 리시안셔스	Carnation 카네이션
28p	*30p*	*32p*	*34p*

Part 2。

페이퍼플라워
오려서 꾸며보아요

38p~

Part 3。

페이퍼플라워
나만의 꽃을 만들어보아요

65p~

How to
이 책의 활용법

1 사용 도구

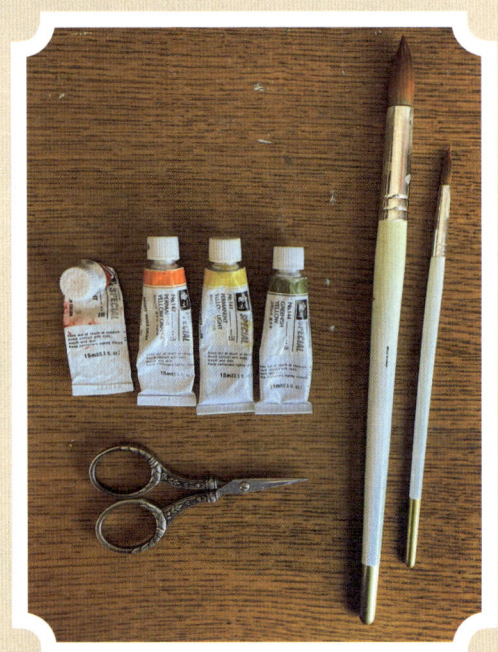

물감, 붓, 팔레트, 물통, 색연필, 가위, 칼

2 이렇게 오려요

① 그림 외각이 아닌 안쪽으로 모양을 따라 오려주세요.
② 흰색 종이가 보이지 않게 자르는 것이 훨씬 깔끔하답니다.
③ 가위질이 서투르다면 그림이 훼손되지 않게 2~3mm의 여유를 두고 흰색의 여백이 나오게 자르는 방법도 있어요.

3
이렇게 칠해요

1. 꽃의 기본 색깔인 메인 컬러 물감을 소량만 물에 풀어 전체적으로 얇게 색을 입혀주세요. 이때 덧칠하지 말고 한 번만 가볍게 칠합니다.

2. 두 번째 메인 컬러를 1번보다 물을 덜 사용하여 위에 덧칠해줍니다. 이때 앞서 칠한 물감이 다 마르지 않았을 경우에는 물감이 섞여 의도치 않은 번짐 효과가 나올 수 있어요. 우리는 조금 더 깔끔하게 꽃을 완성하기 위해 잘 말린 후 색을 덧칠하기로 해요.

3. 이제 꽃의 깊이감을 위해 음영 넣기를 해볼 거예요. 꽃의 메인 컬러보다 조금 어두운, 그러나 비슷한 색깔의 물감으로 그림자가 들어갈 만한 곳에 칠해줍니다. 어느 방향에서 빛이 들어오면 좋을지 생각하면서 자유롭게 그림자를 넣어주세요. 벌써 시작보다 더 근사해졌지요?

4. 프리즈마 색연필을 사용하여 배경색(1번)보다 조금 더 어두운 컬러(음영보다는 밝은)를 사용하여 꽃잎에 포인트를 줍니다.

5. 완성! 정말 대단해요. 설명만으로 충분히 예쁜 페이퍼플라워를 완성하셨군요. 오늘 처음 해봤으니 미숙해도 당연합니다. 앞으로 저와 함께 더 풍부하고 우아한 꽃들을 만들어보기로 해요.

Part

페이퍼플라워
이대로 따라 하면 끝!

1.

페이퍼플라워로 다시 태어난 12종의 아름다운 꽃들을 만나보세요.
떨리는 고백의 순간, 연인과의 기념일, 어버이날, 스승의 날과 같은
특별한 날 마음을 전할 때 영원히 변치 않는 페이퍼플라워를 선물하세요.
지친 친구를 도닥이거나 생화를 가져가기 어려운 병원에 방문할 때처럼
꽃의 위로가 꼭 필요한 날에는 페이퍼플라워를 떠올려보세요.
방이나 거실, 사무실 책상 등 내 공간을 나만의 느낌으로 꾸미고 싶을 때도
화사하고 풍성한 페이퍼플라워가 도와줄 거예요.

1
Rose

레드장미

> 사랑, 욕망, 절정, 기쁨, 아름다움

가슴 속에 담긴 진심을 표현할 때 장미만 한 꽃이 또 있을까요?
사랑이 시작되는 떨리는 순간을 함께할게요.

13

2
Opium poppy
양귀비

위로, 망각, 몽상

5, 6월 초여름 초록 들판 위에 가득한 다홍색의 양귀비를 본 적 있나요?
마치 환상 속에 떠 있는 듯 몽환적인 느낌을 느껴보세요.

SINAPIS
ARVENSIS.
CHARLOCK.
SUBULARIA AQUATICA.
MUSTARD.

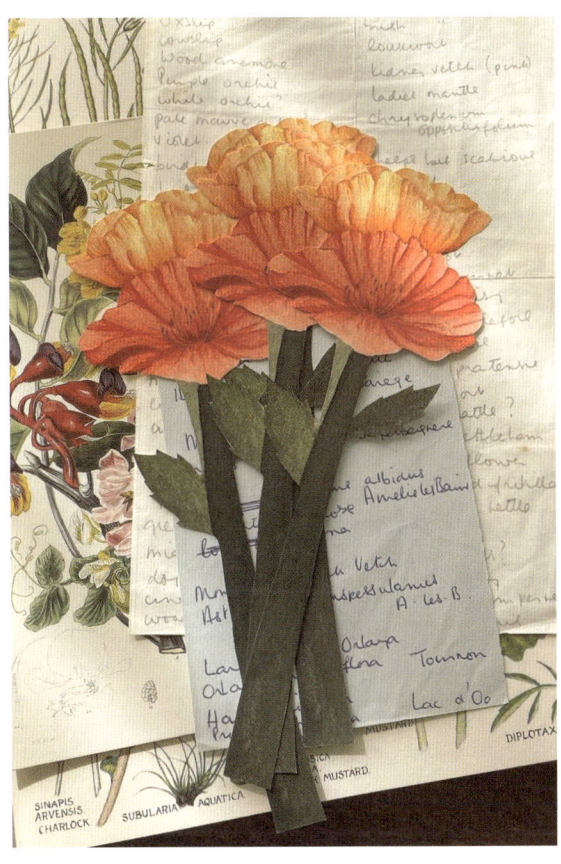

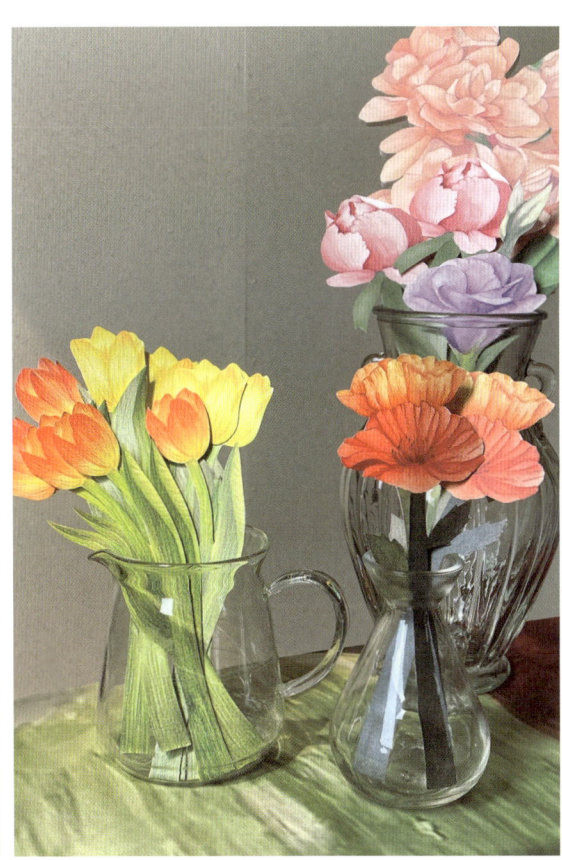

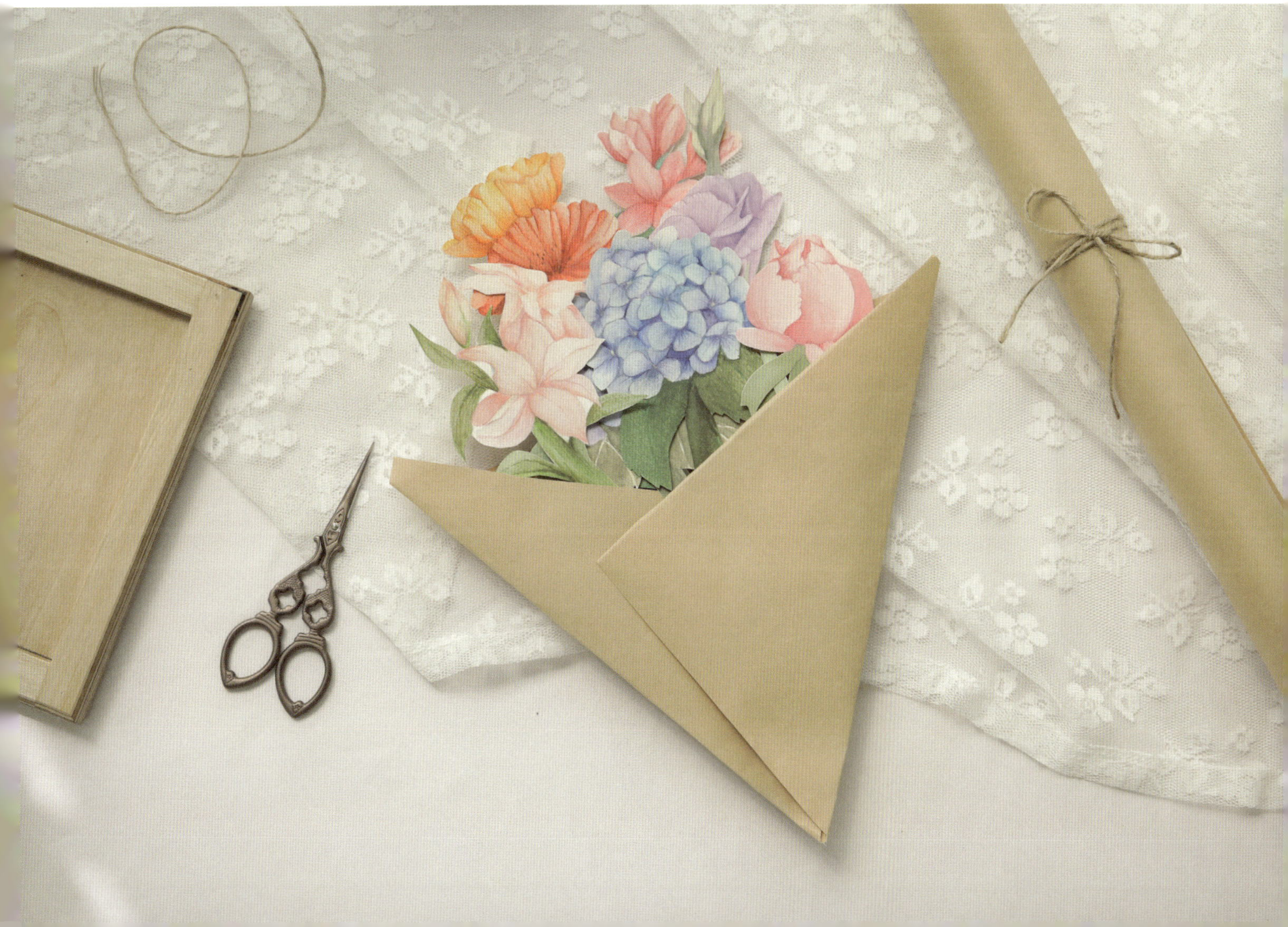

3
Stock

스토크

> 영원한 아름다움, 변하지 않는 사랑

비단향꽃무로도 불리는 스토크에는
주변의 반대로 결국 이루어지지 못한 애틋한 사랑의 전설이 얽혀 있어요.
그래서인지 연인 외에 절대로 한눈을 팔지 않겠다는 다짐을 할 때 쓰인답니다.

4
Gerbera

거베라

신비, 풀 수 없는 수수께끼

거베라는 한 번 피어나면 언제나 꽃을 피우는 신비로운 꽃이에요.
크고 화사하기 때문에 부케의 메인 장식으로 환영받는 인기쟁이 꽃이랍니다.

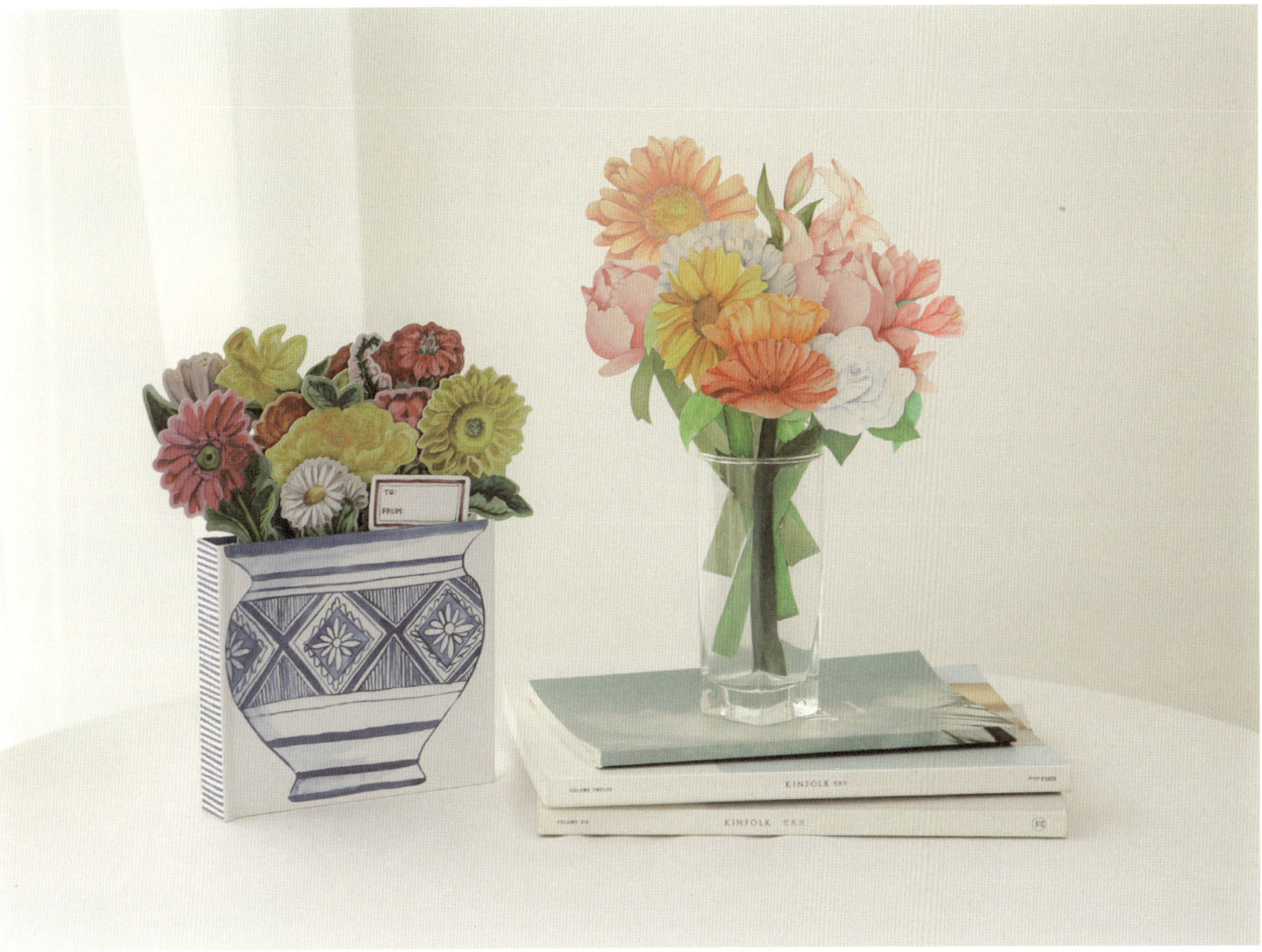
TO
FROM
KINFOLK
KINFOLK

304
302
202

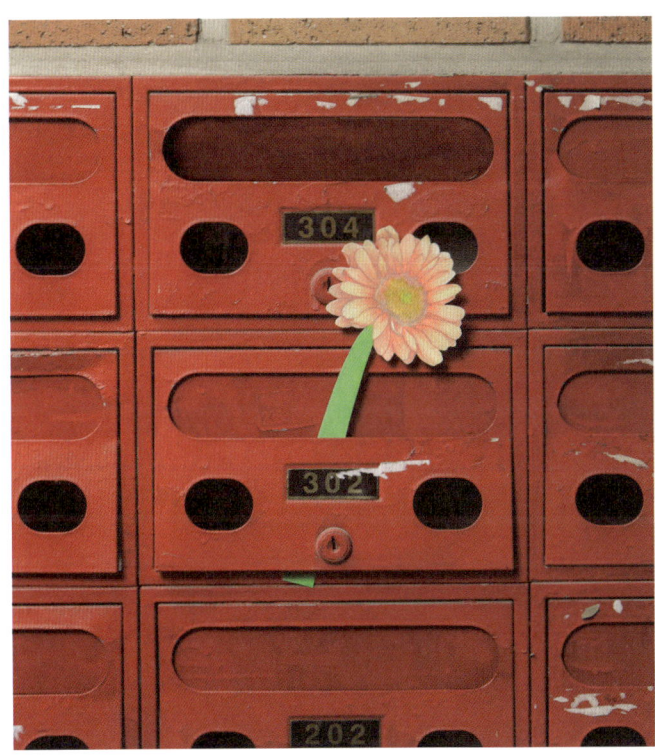

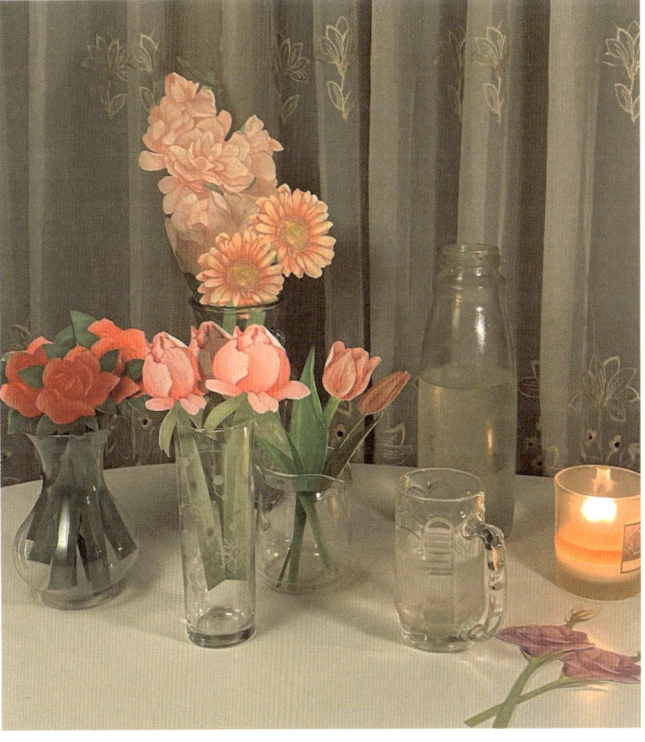

5
Freesia

프리지어

무언가를 청함, 천진난만, 자기자랑

아름답고 오만한 나르키소스를 사랑했지만 내성적인 성격 탓에 끝끝내 마음을 못 전하고 샘에 몸을 던진 님프의 이름에서 딴 프리지어는 애절한 짝사랑의 대명사예요.

6
Sunflower

해바라기

애모, 그리움, 일편단심

한여름 하면 떠오르는 대표적인 꽃인 해바라기.
언제나 태양의 움직임을 따라 움직이는 탓에 일편단심의 사랑을 뜻해요.

7
Opal Rose

오팔장미

순결, 존경, 비밀

오월의 여왕으로 불리는 장미는 다양한 색깔을 가지고 있어요.
그중에서도 오팔장미는 은은한 순백이 정말 매력적인 꽃이랍니다.

French hydrangea
수국

진심, 사과, 변덕, 처녀의 꿈

여름 장마를 알리는 비의 꽃 수국은 라틴어로 '물을 담는 그릇'이라는 뜻이에요.
흰색에서 청색을 거쳐 보라색으로 색이 변하기 때문에
진심과 변심이라는 상반된 두 꽃말을 동시에 가졌답니다.

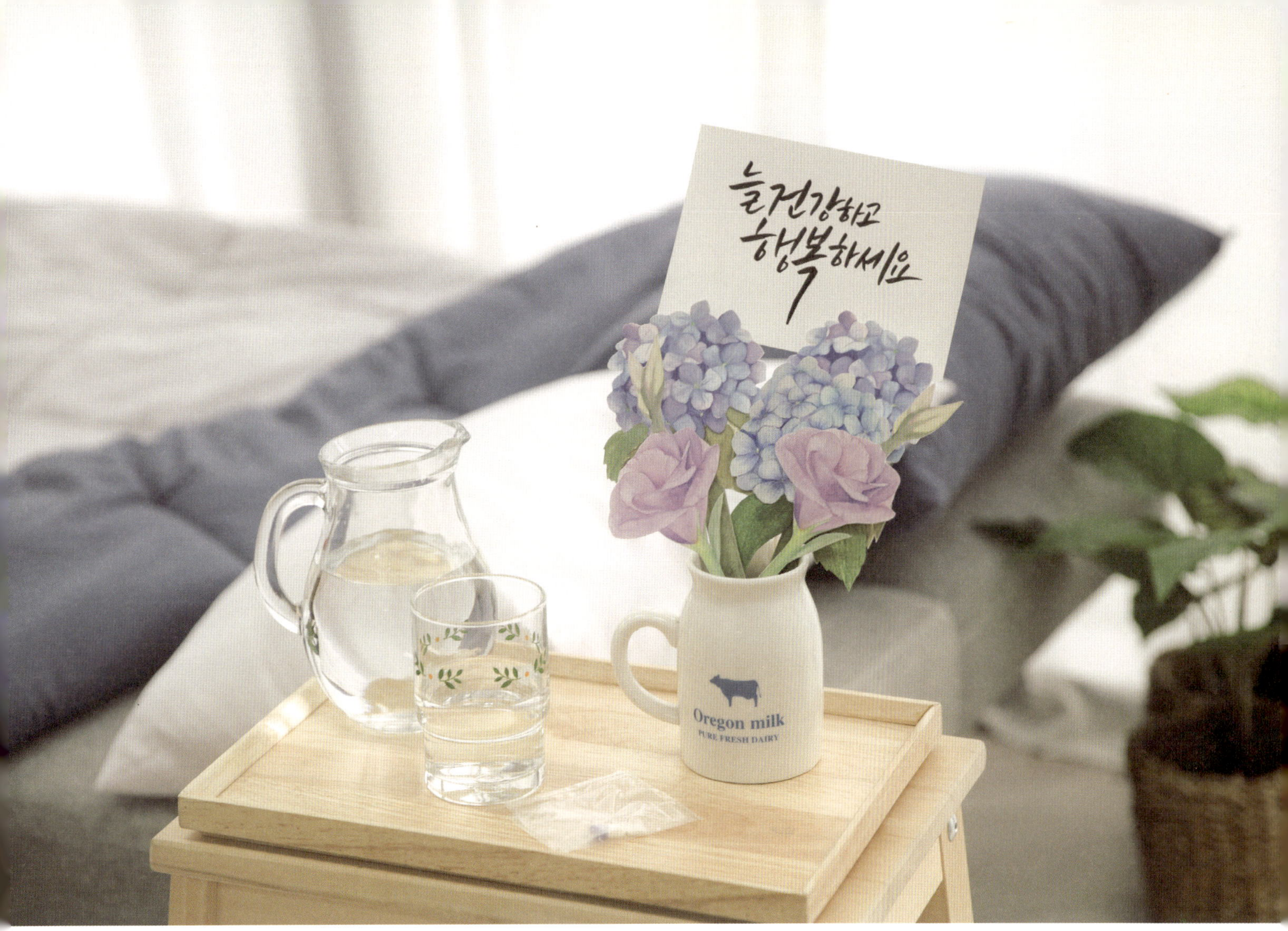
늘 건강하고
행복하세요
Oregon milk
PURE FRESH DAIRY

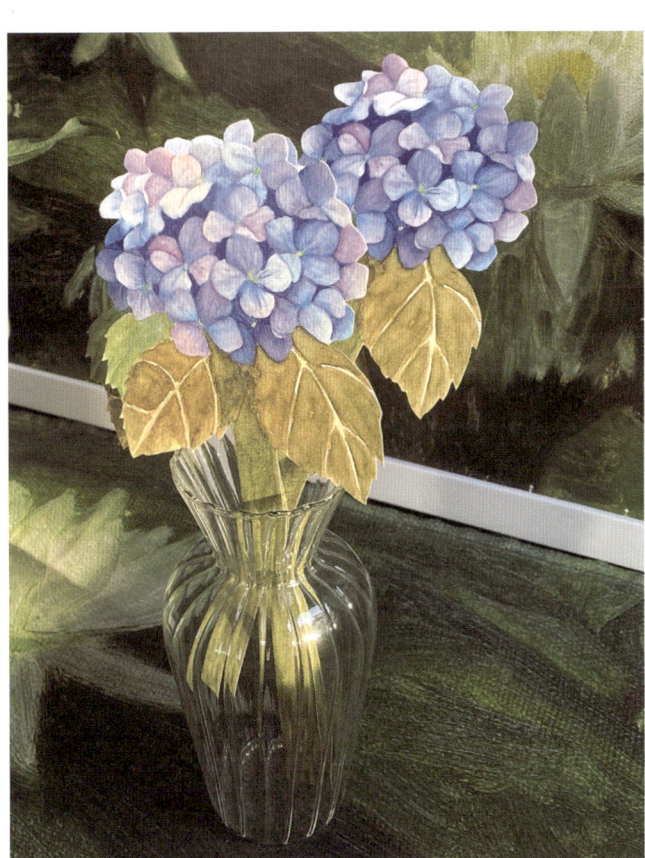

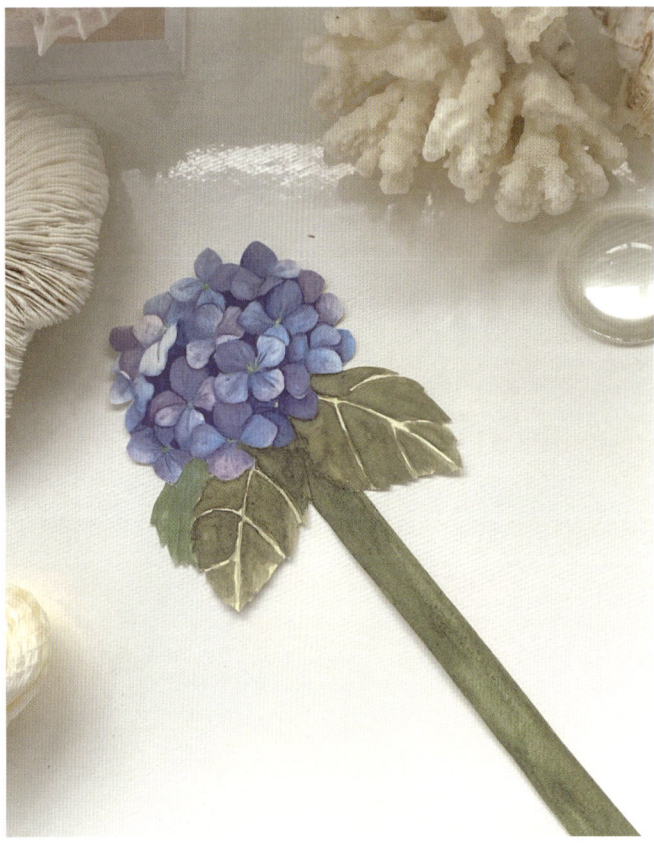

9
Tulip

튤립

사랑의 고백, 매혹, 영원한 애정, 경솔

터키에서 태어난 튤립은 귀족의 상징이기도 해요.
한때 한 송이가 소 수백 마리의 값과 동일했을 만큼 오묘하고 아름다운 색을 자랑하는 꽃이에요.

10

Peony

작약

> 수줍음

함박꽃이라고 불릴 만큼 화려함과 탐스러움이 특징인 작약은 5, 6월에 만개해 절정을 이루어요.
동양에서는 얼굴이나 몸가짐이 아름다운 모양을 뜻할 때 함박꽃 같다고 한답니다.

11

Lisianthus

리시안셔스

무언가를 청함, 천진난만, 자기자랑

하늘하늘하고 풍성한 매력이 넘치는 리시안셔스는 장미와 닮았지만
'변함없는 사랑'이라는 꽃말을 갖고 있어 결혼식 때 신부의 부케로 많이 사용되어요.

12
Carnation

카네이션

존경, 건강을 기원하는 사랑

어린 시절 부모님께 선물한 첫 꽃은 무엇이었나요?
5월 어버이날과 스승의 날에는 고마운 마음을 카네이션에 담아 정성껏 전해보세요.

Part

페이퍼플라워
오려서 꾸며보아요

페이퍼플라워를 정성껏 오려 유리병에 꽂아 테이블 위에 두면
어디서나 로맨틱한 분위기를 낼 수 있어요.
한 송이도 좋지만 같은 꽃을 여러 송이 꽂거나 어울리는 꽃들끼리 조합해
꽃다발을 만들면 더욱 멋진 효과를 낼 수 있답니다.
한 송이를 오려내어 액자에 넣어 무심하게 바닥에 세워두어도 멋지고,
셀로판테이프로 벽에 붙이면 휑하던 공간이 한순간에 화사하게 살아날 거예요.

4 Gerbera

거베라

47

Color

Gerbera

Gerbera

Gerbera

6 Sunflower
해바라기

52

7 Opal Rose
오팔장미

Color

French hydrangea

French hydrangea

French hydrangea

Part 3.

페이퍼플라워
나만의 꽃을 만들어보아요

이제부터는 이 세상 오직 하나뿐인 페이퍼플라워를 만들 시간이에요.
밑그림 위에 기본적인 색감을 주는 채색을 하여 오리면 나만의 종이꽃이 완성됩니다.
여러 개의 밑그림이 있기 때문에 충분히 연습해볼 수 있어요.

² Opium poppy
양귀비

69

3 Stock
스토크

3 Stock
스토크

4 Gerbera
거베라

5 Freesia
프리지어

6 Sunflower
해바라기

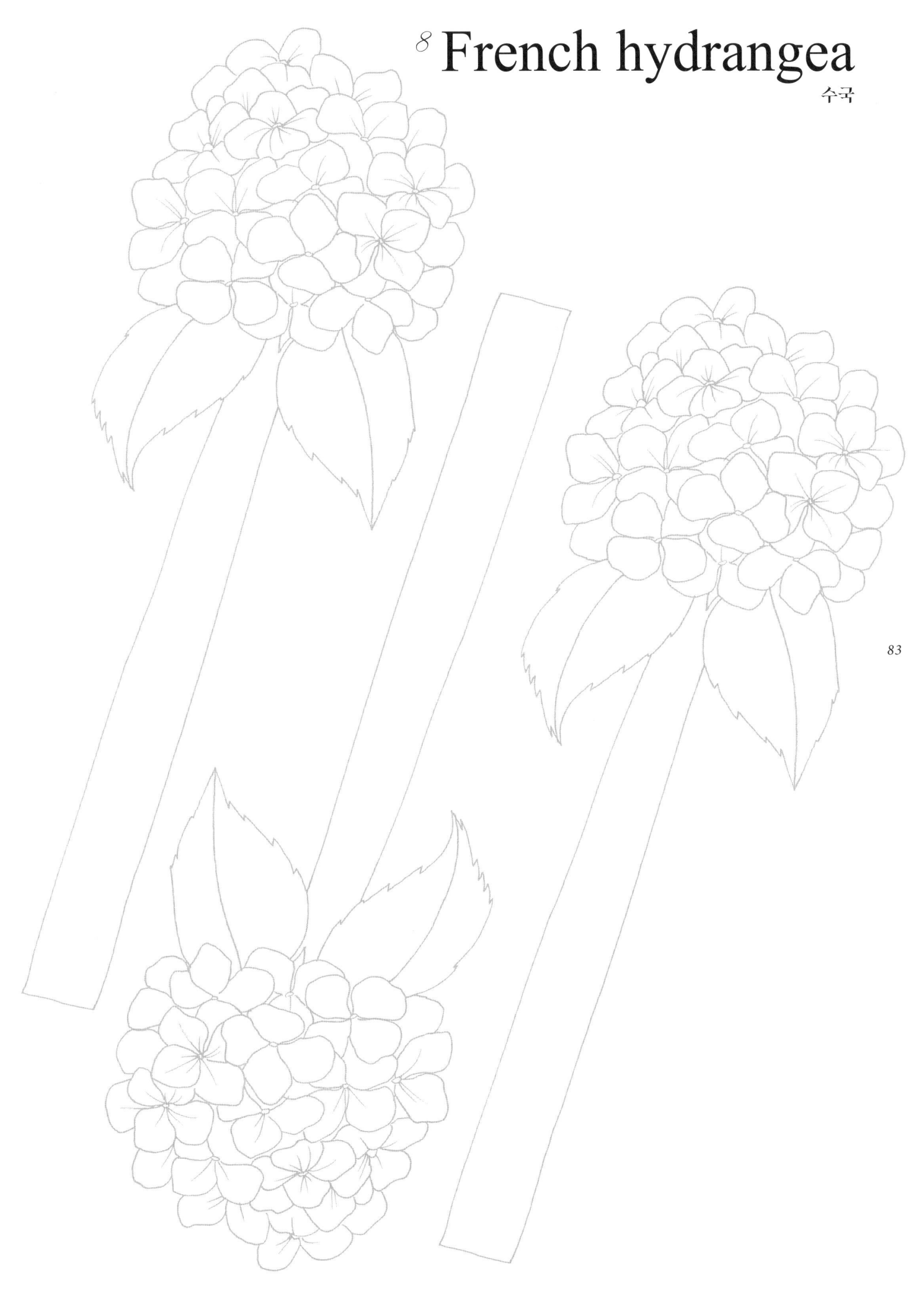

8 French hydrangea
수국

9 Tulip
튤립

85

10 Peony
작약

11 Lisianthus
리시안셔스

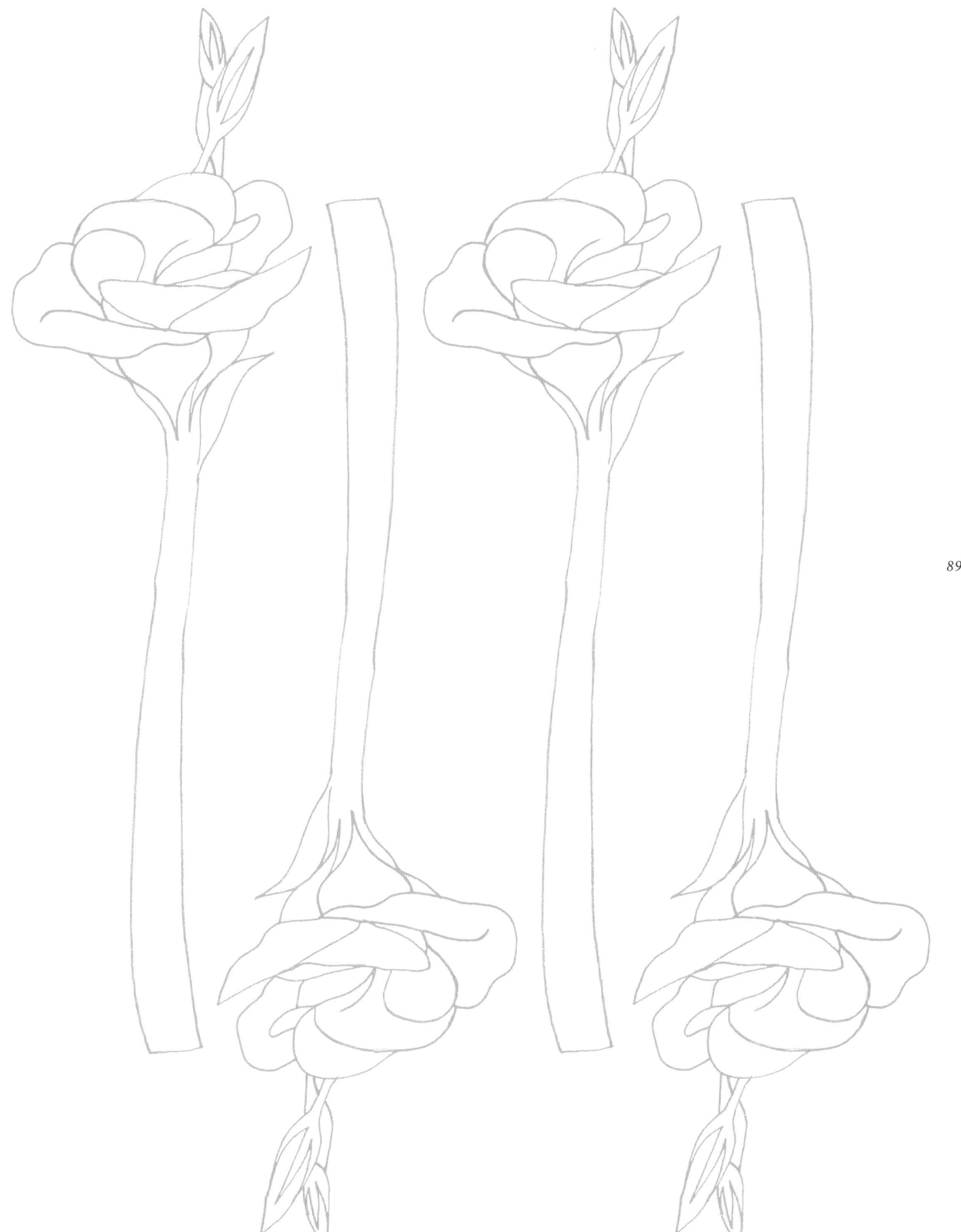

12 Carnation
카네이션

91